DE BCG-MATRIX: THEORIEËN EN TOEPASSINGEN

De sleutel tot portefeuillebeheer

DE BCG-MATRIX: THEORIEËN EN TOEPASSINGEN

De sleutel tot portefeuillebeheer

geschreven door Thomas del Marmol
vertaald door Nikki Claes

DE BCG-MATRIX: THEORIEËN EN TOEPASSINGEN

BELANGRIJKE INFORMATIE

- **Namen:** BCG growth-share matrix, BCG-matrix, productportfoliomatrix, Boston matrix, Boston Consulting Group analyse, portfoliodiagram. De naam komt van de Boston Consulting Group, een internationaal strategisch adviesbureau dat de matrix heeft bedacht.

- **Gebruik:** de matrix wordt vooral gebruikt door managers die het relatieve belang van de activiteiten in hun portefeuille willen observeren. Het geeft advies voor de portefeuille door de investering, handhaving of verwijdering van activiteiten aan te moedigen.

- **Waarom is het succesvol?** Wanneer hij onder de juiste omstandigheden wordt gebruikt, stelt hij managers in staat meer te weten te komen over hun activiteiten en de beste beslissingen te nemen over de toewijzing van middelen en vaardigheden.

- **Trefwoorden:** SBU, strategisch instrument, relatief marktaandeel, marktgroeipercentage, starts, cash cows, question marks, dogs, leider, volger, zelffinanciering, schaalvoordelen, marktrijpheidscyclus, GE-matrix, Ashridge Portfolio Matrix

INLEIDING

Tegenwoordig wordt algemeen aanvaard dat managers over een portefeuille van gevarieerde activiteiten moeten beschikken en al hun activiteiten zo doeltreffend mogelijk moeten kunnen beheren. Immers, wie ook maar een ogenblik de ontwikkeling van zijn activiteitenportefeuille uit het oog verliest, wordt snel gestraft voor zijn nalatigheid. Dat activiteitenbeheer is echter niet eenvoudig en veel ondernemingen die zich onoverwinnelijk waanden, zijn ten onder gegaan ten gevolge van een slechte marktanalyse of overschatting van hun kracht.

Portfoliomanagementmatrices zijn ontstaan om deze managers te helpen de impact van hun verschillende SBU's (strategic business unit) beter te begrijpen.

 ## GOED OM TE WETEN: SBU

Een SBU (strategic business unit) is een onderdeel van een bedrijf waaraan de manager kan besluiten middelen toe te wijzen of te onttrekken (bv. 'bruishoudende frisdranken', 'water', 'fruitsappen' en 'koffie' bij Coca Cola). De verdeling van een onderneming in SBU's beantwoordt aan een organisatorische behoefte en biedt een beter overzicht over de verschillende afdelingen binnen de onderneming. Elke SBU kan autonoom en onafhankelijk worden aangestuurd, afhankelijk van de beslissingen van de onderneming.

Geschiedenis

De Boston Consulting Group werd in 1963 opgericht door Bruce D. Henderson (1915 – 1992) en groeide al snel uit tot een van de grootste strategische adviesbureaus ter wereld met meer dan 80 kantoren in bijna 50 verschillende landen. BCG werkt met bedrijven in een groot aantal sectoren, waaronder energie, gezondheidszorg, auto-industrie en telecommunicatie. Een van zijn belangrijkste innovaties is de creatie van de BCG-matrix.

De BCG-matrix is in de jaren zestig ontwikkeld en stelt gebruikers in staat het relatieve marktaandeel van een activiteit te bepalen en de daaraan gekoppelde marktgroei te evalueren. Concreet betekent dit dat de matrix managers in staat stelt activiteiten te selecteren die winst of groot potentieel opleveren, activiteiten in verval en activiteiten met een hoog risico op instorting.

De BCG-matrix ontstond in een tijd dat inzicht in de marktmechanismen van groot belang was. In die tijd stond het besluitvormingsproces centraal bij veel vragen binnen de financiële wereld. De context was dus gunstig voor de ontwikkeling en het gebruik van een matrix die een aantal hulpmiddelen bood om het managers gemakkelijker te maken beslissingen te nemen over de toewijzing van middelen. De matrix werd dan ook zeer goed ontvangen en snel overgenomen door bedrijfsleiders.

Definitie van het model

De BCG-matrix laat de gebruiker ervan de verschillende SBU's indelen op basis van hun verwachte groei en hun relatieve marktaandeel. Hij is dus gebaseerd op twee assen en verdeelt de SBU's in vier categorieën: stars, cash cows, question marks en dogs. Dankzij dit model kunnen managers de beste keuzes maken bij de toewijzing van middelen aan de verschillende SBU's. Dankzij de matrix kunnen zij ook een beter overzicht krijgen van de activiteiten en bepalen welke strategische activiteiten moeten worden bevorderd en welke moeten worden geschrapt.

THEORIE

CONTEXT EN CONCEPT

De BCG-matrix is een van de meest gebruikte instrumenten voor portefeuillebeheer voor managers. Hij maakt deel uit van een grotere verzameling middelentoewijzingsmatrices, waaronder de McKinsey- en Ashridge-matrices. Het voornaamste doel van deze modellen is het besluitvormingsproces van managers te vergemakkelijken, met name wanneer het gaat om de toewijzing van schaarse middelen (financieel, materieel of intellectueel) aan de verschillende SBU's. Met andere woorden, zij trachten vast te stellen hoe de middelen worden verdeeld en beogen een samenhangend plan op te stellen voor de interne verdeling tussen de SBU's op basis van hun respectieve aantrekkingskracht (die verband houdt met het genereren van winst, ontwikkelingspotentieel, ... De matrices hebben twee assen: de eerste houdt verband met de specifieke kenmerken van de markt, de tweede met de sterke punten van de onderneming.

Met de BCG-matrix kunnen de verschillende strategische bedrijfsonderdelen van een onderneming worden uitgezet op een grafiek met twee assen:

- De verticale as komt overeen met het groeipercentage van de markt, dat wil zeggen het ontwikkelingspotentieel van de markt in de komende jaren.

Algemeen wordt aangenomen dat een groeimarkt een toename van ongeveer 5% van zijn verkoopvolume kent.

- De horizontale as geeft het relatieve marktaandeel van de SBU weer. Om het relatieve marktaandeel te berekenen wordt meestal een ratio gebruikt: het relatieve aandeel van de SBU ten opzichte van het marktaandeel van de belangrijkste concurrent.

  - Als ik bijvoorbeeld 15% van het marktaandeel heb en mijn concurrent 10%, zal mijn relatieve marktaandeel gelijk zijn aan 1,5 omdat $\frac{15\ \%}{10\ \%}$ dat resultaat oplevert.

Het relatieve marktaandeel wordt als sterk beschouwd wanneer de waarde groter is dan 1,25.

GOED OM TE WETEN: LEIDER OF VOLGER?

Voor een bedrijf betekent leider dat het een dominante positie heeft voor een product op een bepaalde markt en door vakgenoten wordt erkend als de top-of-mind (het eerste bedrijf dat in gedachten opkomt) in zijn categorie. Een volger daarentegen heeft slechts een klein marktaandeel en is dus gedwongen zich aan te passen aan de concurrentie als hij op de markt wil overleven (Lambin en Moerloose, 2008).

De implicaties van dit model stellen de gebruikers in staat de verschillende punten te begrijpen waarmee rekening moet worden gehouden alvorens bepaalde activiteiten voorrang te geven. Hoewel het diagram duidelijk maakt dat een groeiende markt in combinatie met een aanzienlijk marktaandeel uiterst aantrekkelijk is voor managers, is het namelijk niet altijd gemakkelijk om te weten hoe men moet omgaan met activiteiten die een aanzienlijk marktaandeel vertegenwoordigen in stagnerende of afnemende markten. Ook de kwestie van SBU's met een laag marktaandeel in exponentieel groeiende markten roept veel vragen op. Dankzij de bovengenoemde informatie kunnen wij de grafiek in vier kwadranten verdelen om de verschillende soorten SBU's en hun kasstromen te onderscheiden. De cashflow wordt berekend aan de hand van de balans van het lopende boekjaar (totaal afschrijvingen en voorzieningen + nettowinst na belastingen en vóór eventuele herverdeling van de winst) en geeft de financiële autonomie van de onderneming aan.

- **Stars** vertegenwoordigen de bedrijfsgebieden met een aanzienlijk relatief marktaandeel in een groeiende markt. Wij kunnen aannemen dat de activiteiten in dit kwadrant vaak marktleiders zijn en aanzienlijke en voortdurende investeringen vereisen om hun groei te ondersteunen en tegelijkertijd de druk van de concurrenten te weerstaan. De resultaten zullen deze investering echter meer dan terugbetalen, aangezien deze activiteiten aanzienlijke winsten voor de beheerder genereren.

- **Dogs** bevinden zich in het kwadrant rechtsonder. Zij vertegenwoordigen de SBU's in een markt met geringe groei en een laag relatief marktaandeel. Het gaat vaak om afnemende activiteiten die concurreren op markten die door bepaalde concurrenten worden gedomineerd (concurrentievoordeel). Deze "verouderende" activiteiten kunnen grote investeringen vergen om uiteindelijk weinig of geen resultaten op te leveren. Daarom is het over het algemeen raadzaam deze activiteiten te schrappen: ermee doorgaan kan het bedrijf schaden.

- **Cash cows** zijn activiteiten met een vrij groot marktaandeel in krimpende sectoren. Deze activiteiten hebben vaak een machtspositie verworven ten opzichte van hun concurrenten in een rijpe markt en vergen daarom slechts beperkte investeringen. De toestand van de markt zal waarschijnlijk niet leiden tot nieuwe toetreders en zal de bestaande concurrenten niet motiveren om de reeds aanwezige concurrenten te verdrijven. Het ervaringseffect, met name dankzij middelen, kerncompetenties en schaalvoordelen, stelt de onderneming in staat hogere winsten te behalen dan haar concurrenten. Het doel van deze activiteiten is niet langer om te evolueren, maar om de geproduceerde winst uit te melken. Zij zorgen dus vaak voor een aanzienlijke financiële instroom en maken investeringen mogelijk, met name in de stars en question marks.

 GOED OM TE WETEN: HET ERVARINGSEFFECT

Het ervaringseffect wordt waargenomen wanneer er meer wordt geproduceerd (schaalvoordelen), wanneer het proces meer gesystematiseerd wordt (standaardisatie), of wanneer de expertise steeds sterker wordt (leereffect). Bijgevolg nemen de productiekosten per eenheid af (Lendrevie en Lévy, 2013).

- **Tot de question marks**, ook wel probleemkinderen genoemd, behoren activiteiten met een relatief laag marktaandeel in groeiende markten. Zoals hun naam al aangeeft, vormen deze activiteiten een echt probleem voor de managers. Deze SBU's vormen echter ook een uitstekende kans op toekomstige winsten, mits vroegtijdig grote bedragen worden geïnvesteerd. Wanneer de activiteit zich in een sterke groeimarkt bevindt, is het nog steeds mogelijk de leider in te halen door geleidelijk marktaandeel te veroveren dankzij investeringen. De complexiteit van de opdracht ligt in de keuze van de SBU die voldoende potentieel heeft om een leidende positie op de markt op te eisen en in de toekomst een star te worden. Als de verwachte investeringen uitblijven of te gering zijn, zou de activiteit een dog kunnen worden zodra de markt rijp is. De question marks moeten daarom bijzondere aandacht krijgen. Het is raadzaam om er meerdere te hebben, aangezien ze niet allemaal stars zullen worden, maar ze moeten zorgvuldig worden gekozen.

VOORDELEN VAN HET GEBRUIK VAN DE BCG-MATRIX

Met de BCG-matrix van de groeiaandelen kunnen managers een duidelijk beeld krijgen van de verschillende SBU's op lange termijn. De matrix maakt het mogelijk de bedrijfsonderdelen te positioneren, hun plaats in de matrix te observeren en de toewijzing van middelen beter te beheren. Door het gebruik ervan kunnen managers de toekomst van de SBU's onder de beste voorwaarden bepalen: zij zullen ontdekken welke activiteiten ze moeten schrappen en in welke ze moeten investeren.

De matrix geeft ook inzicht in de verschillende behoeften voor de ontwikkeling van bepaalde activiteiten. De manager moet nadenken over de markt en een interne analyse maken van de SBU's om hun groeipotentieel te bepalen. Het management kan dan een raming maken van de benodigde investering.

Tenslotte herinnert de BCG-matrix van de groeiaandelen eraan dat de winst van sommige SBU's moet worden besteed aan activiteiten met een hoog ontwikkelingspotentieel. Dat zal het personeel en de leiders bewust maken van het belang om zuinig te zijn, ook al levert de activiteit veel winst op.

BEPERKINGEN EN UITBREIDINGEN

VOORAFGAANDE AANNAMES

De toepassing van dit model vereist dat de gebruikers twee vooronderstellingen aanvaarden:

- **Zelffinanciering:** de BCG-matrix verwaarloost de mogelijkheid van externe financiering van de onderneming. Zij gebruikt hoofdzakelijk het hierboven geschetste model van de productlevenscyclus om de noodzaak te verklaren van verschillende SBU's in verschillende stadia van marktrijpheid om de activiteiten met het grootste potentieel te kunnen financieren. Met de mogelijkheid van externe financiering via schulden of aandeelhouders wordt geen rekening gehouden.

- **Het ervaringseffect:** deze matrix is alleen echt relevant als er een ervaringseffect is dat de marktleider bevoordeelt. In gevallen waarin er een beperkt ervaringseffect is, zal de leidende onderneming op een markt niet noodzakelijk winstgevender zijn dan haar volgers, waardoor de geldigheid van het model in twijfel wordt getrokken.

Het is belangrijk om altijd rekening te houden met deze veronderstellingen door de markt te observeren alvorens de BCG-matrix toe te passen. Een slechte analyse van de markt kan immers de doeltreffendheid van het model ondermijnen en ertoe leiden dat de manager slechte beslissingen neemt.

BEPERKINGEN EN KRITIEK

Hoewel de BCG-matrix wordt beschouwd als een nuttig hulpmiddel voor managers die hun verschillende activiteiten willen volgen, heeft hij toch een aantal beperkingen waarvan het belangrijk is zich bewust te zijn. De bovenstaande veronderstellingen zijn restrictief, maar kunnen in de praktijk gemakkelijk worden geverifieerd. Bovendien moeten een aantal punten worden verduidelijkt.

Onduidelijke terminologie

Sommige van de gebruikte termen zijn niet gemakkelijk te definiëren of te kwantificeren. Afhankelijk van de kenmerken van de markt kan hetzelfde relatieve marktaandeel immers hoog of laag lijken. Bovendien kan dezelfde markt door verschillende managers verschillend worden gedefinieerd, wat de berekening bemoeilijkt. De resultaten kunnen dus verschillen afhankelijk van de manier waarop de markt wordt gedefinieerd.

Als een onderneming bijvoorbeeld pennen verkoopt, moet zij verkopers van pennen en verkopers van tekstverwerkingssoftware als concurrenten beschouwen?

De manager zal vaak geneigd zijn de oplossing te kiezen die hem het beste past, met het risico te eindigen met een cash cow of een dog. De via de groeiaandelenmarkt verkregen respons is dus meestal gebaseerd op subjectieve criteria die specifiek zijn voor managers, hetgeen critici van de matrix ertoe heeft gebracht te stellen dat de oplossing wordt gehinderd door de invloed van de gebruiker ervan.

Bovendien kan de scheiding tussen de kwadranten variëren afhankelijk van het geraadpleegde referentie- materiaal. De grens tussen een question mark en een dog kan soms vaag lijken.

De oversimplificatie van een complexe wereld

Het model geeft weliswaar een goed algemeen beeld van de positionering van elke SBU, maar we kunnen er niet zeker van zijn dat alle activiteiten, wanneer ze een- maal in categorieën zijn ingedeeld, automatisch het hierboven beschreven pad zullen volgen. Niet alle dogs zijn gedoemd het hierboven beschreven tragische einde te bereiken, net zoals cash cows niet altijd een constante bron van inkomsten vormen. In feite kan een dog vrij succesvol zijn als een differentiatiestrategie ten opzichte van de leider wordt toegepast en gedurende een bepaalde periode winst kan maken. De manager van een cash cow kan het ook demotiverend vinden als al zijn winsten steeds opnieuw worden toegewezen aan een obscure en onbekende activiteit. In dit geval wordt geen rekening gehouden met het gedrag van de werk- nemers wat kan leiden tot fouten in de door de BCG- matrix voorspelde ontwikkeling. Tenslotte kunnen sommige synergieën de manager doen inzien dat een activiteit in het dog-kwadrant moet worden gehand- haafd omdat zij bijdraagt tot andere activiteiten.

Handelen naar aanleiding van het resultaat

Het is dan ook duidelijk dat de conclusie van de BCG-matrix meer moet worden beschouwd als een leidraad voor de te volgen koers dan als een duidelijke en precieze aanbeveling. Het is niet raadzaam om alle beleid uitsluitend te baseren op de resultaten van een overhaast toegepaste groeiaandelenmatrix. Aangezien de economische wereld complex is, blijken de voorspellingen van de matrix vaak slechts gedeeltelijk accuraat. De resultaten van een BCG-matrix moeten dus voorzichtig worden geanalyseerd en toegepast om beoordelingsfouten te voorkomen die een SBU kunnen doen instorten. Zo moet een SBU in de categorie dog niet noodzakelijkerwijs terzijde worden geschoven ten gunste van andere, meer winstgevende, eenheden, omdat zij reeds voordeel kan opleveren voor andere SBU's doordat zij de vaardigheden leveren die zij nodig hebben om zich naar wens te ontwikkelen.

VERWANTE MODELLEN EN UITBREIDINGEN

Er zijn een aantal aanvullende matrices bij het groei-aandeelmodel, waaronder:

- de GE-matrix van McKinsey

- de Ashridge Portfolio Matrix

Door deze nieuwe matrices te gebruiken, kan de manager rekening houden met bepaalde factoren in verband met de aantrekkelijkheid van de markt die door de groeiaandelenmatrix worden verwaarloosd. Dit stelt hem dan weer in staat de best mogelijke activiteiten-portefeuille samen te stellen.

De GE-matrix van McKinsey

Deze matrix is ontwikkeld door McKinsey & Company, gespecialiseerd in strategisch advies. Het bedrijf, dat in 1920 werd opgericht door Oscar James McKinsey (1889 - 1937), wil ondernemingen adviseren en helpen om te gedijen in een turbulente economische omgeving. Met kantoren over de hele wereld heeft McKinsey & Company een solide reputatie gebaseerd op sterke waarden rond strategisch advies.

De in de jaren zeventig ontwikkelde matrix verbindt de aantrekkelijkheid van de markt (de sleutelfactoren van de omgeving) met de concurrentievoordelen van de SBU (het concurrentievermogen van de SBU op de markt).

De hier in aanmerking genomen factoren zijn dus enigszins anders omdat zij meer gericht zijn op het concurrentievoordeel van de SBU dan op haar marktaandeel. Dat maakt het mogelijk rekening te houden met de voordelen die kunnen leiden tot een goed merkimago, geavanceerde technologische middelen, ... Bovendien maakt het gebruik van de aantrekkingskracht van de markt in plaats van het groeipercentage het mogelijk rekening te houden met factoren zoals het bestaan van gunstige wetgeving. Het is dus duidelijk dat de GE-matrix een veel verfijnder diagnostisch instrument is dan de BCG-matrix, aangezien hij rekening houdt met een reeks factoren die voorheen verwaarloosd werden.

Merk tot slot op dat deze matrix neutrale situaties biedt zodat de beheerder kan kiezen op basis van zijn voorkeuren of omstandigheden die hij als gunstig of ongunstig voor de investering beschouwt.

De Ashridge Portfolio Matrix

De Ashridge Portfolio Matrix, ontwikkeld door Michael Goold en Andrew Campbell, biedt een nieuwe visie op portefeuillebeheer, omdat hij de nadruk legt op het vermogen van het management om de SBU te begrijpen en overeenkomstig te handelen. Immers, als het management niet in staat is de ontwikkelingsbehoeften van de SBU te begrijpen, kunnen hun investeringen slecht worden toegewezen. En als het management niet over de vaardigheden beschikt om de prestaties van de SBU te verbeteren, zal elke investering zinloos zijn. Uit deze constatering vloeien vier soorten activiteiten voort:

- Heartlandactiviteiten, die de manager begrijpt en waarnaar hij kan handelen

- Ballastactiviteiten, die de manager begrijpt maar waarvoor hij niet de nodige vaardigheden heeft om ze te verbeteren

- Waardevalactiviteiten, waarbij het algemeen management de prestaties kan verbeteren, maar waarvan het niet noodzakelijk de redenering begrijpt

- Vreemde activiteiten, die duidelijk ongeschikt zijn omdat managers de redenering erachter niet begrijpen en niet over de vaardigheden beschikken om ze te ontwikkelen

Dankzij deze aanpak kunnen de gebruikers zich concentreren op zowel het management als de SBU waarvan de prestaties moeten worden verbeterd. Deze relatie werd voorheen over het hoofd gezien door theoretici, die zich vooral richtten op de markt en de activiteit.

Kortom, het samenbrengen van deze verschillende benaderingen kan alleen maar goed zijn voor de manager. Door rekening te houden met concurrentievoordelen, aantrekkingskracht van de markt en de interactie tussen de SBU en het management zal de manager de toewijzing van middelen aan de verschillende SBU's beter kunnen analyseren.

PRAKTISCHE TOEPASSING

ADVIES EN TIPS

Het belang van het definiëren van de markt

Zoals we hebben gezien, is het definiëren van een markt niet altijd gemakkelijk en kan het de beheerder voor veel problemen stellen. De manager moet vermijden:

- zich te richten op een te smalle markt, met het risico dat een groot aantal potentiële concurrenten over het hoofd wordt gezien;

- zich te richten op een te grote markt, omdat dit kan leiden tot lange, vervelende studies die veel tijd en geld kosten.

Het is van vitaal belang de juiste markt te definiëren, omdat de algemene analyse van de BCG-matrix daarvan afhangt. Daarom is het raadzaam dat de gebruikers de tijd nemen om de markt te analyseren alvorens het model toe te passen. Zij moeten niet aarzelen de hulp in te roepen van marktspecialisten, die hen advies kunnen geven over de best mogelijke schets, rekening houdend met de middelen en de tijd waarover de manager beschikt.

Verdeling van SBU's in de BCG-matrix

Het is voor een manager van essentieel belang dat SBU's in alle kwadranten van de BCG-matrix voorkomen. Hij moet ervoor opletten activiteiten in slechts één kwadrant te hebben. Zo zal het hebben van alleen cash cows op korte termijn weliswaar winstgevend zijn, maar in dat geval is de toekomst onzeker. Bovendien loopt het bedrijf het risico oud of achterhaald over te komen bij de consument. Evenzo loopt een manager die alleen maar question marks heeft het risico snel financiële problemen te krijgen en zal hij spoedig gedwongen zijn alle activiteiten stop te zetten. Spreiding van SBU's over alle kwadranten van het groeiaandeelmodel wordt aanbevolen om een evenwicht te bereiken tussen verouderende maar lucratieve activiteiten en jonge activiteiten met groot potentieel die voortdurende en aanzienlijke investeringen vereisen.

Anticiperen op de evolutie van de SBU

Op dit punt kan de lezer zien dat de positionering van strategische activiteiten op de BCG-matrix van groeiaandelen niet gemakkelijk is. Verschillende moeilijkheden kunnen de gekozen positionering verstoren en de snelle achteruitgang van een SBU veroorzaken. Bovendien kan een slimme manager die rekening heeft gehouden met alle verschillende elementen en kenmerken van de markt zich geen moment rust veroorloven wanneer hij een SBU correct heeft geïdentificeerd en in het model heeft geplaatst. De positie van elke activiteit in de BCG-matrix van het groeiaandeel ligt immers niet vast. Voor elke vertegenwoordigde activiteit zijn verschillende ontwikkelingsscenario's mogelijk. Elke activiteit moet dus in detail worden bestudeerd om de onderneming de best mogelijke kans op succes te geven. Het is dus van belang een BCG-matrix op te stellen die de verschillende mogelijke scenario's voor elke SBU schetst. Daartoe zijn verschillende opties mogelijk, zoals blijkt uit onderstaand schema.

- **Het innovatiepad:** dit komt overeen met de directe aankomst van een SBU in het kwadrant met de linkerbovenhoek. De onderneming die de gegenereerde winst (met name uit cash cows) herinvesteert in O&O (onderzoek en ontwikkeling) kan verwachten het innovatiepad te volgen. Het geherinvesteerde geld maakt de opkomst mogelijk van nieuwe vaardigheden en middelen die zullen leiden tot de oprichting van een nieuwe SBU met een concurrentievoordeel ten opzichte van haar rivalen. Daarna, wanneer de markt rijp is, zullen deze activiteiten naar verwachting cash cows worden, die op hun beurt in O&O zullen investeren.

- **Het volgerspad:** evenzo kan de winst die door cash cows wordt gegenereerd, worden geïnvesteerd in de question marks die een sterk groeipotentieel hebben. Met deze investering kunnen zij zich ontwikkelen en uiteindelijk een leidende positie op de markt innemen.

- **Het rampenpad:** niet alle scenario's zijn even optimistisch. In feite, als een activiteit in het starskwadrant niet de verwachte investeringen krijgt, kan ze snel in het dogs-kwadrant terechtkomen. Dat kan ook gebeuren als het bedrijf de verwachtingen van de consument en de belangrijkste succesfactoren niet goed analyseert.

- **Het middelmatigheidspad:** dit pad omvat de activiteiten die in het question mark-kwadrant vallen en er niet in slagen uit te groeien tot stars. Deze activiteiten stagneren uiteindelijk tussen de categorieën dogs en question marks, waardoor veel geld verloren gaat voor onbevredigende resultaten.

De manager die de BCG-matrix wil toepassen, moet rekening houden met de verschillende mogelijke scenario's en dus vermijden zich alleen te concentreren op de positieve trajecten die de SBU's zouden kunnen volgen. Voor succes moeten antwoorden worden ontwikkeld op ongewenste scenario's waarmee elk bedrijf kan worden geconfronteerd.

Het aanvullende gebruik van matrices voor portefeuillebeheer

Hoewel de voordelen van de BCG-matrix evident zijn, heeft hij ook enkele beperkingen. Een daarvan is het feit dat het model gebaseerd is op een oversimplificatie en geen rekening houdt met alle kenmerken van de markt.

Sinds het verschijnen van de BCG-matrix hebben ook andere modellen enig succes gehad bij managers op het gebied van portefeuillebeheer. Daartoe behoren de GE-matrix van McKinsey en de Ashridge Portfolio Matrix, die de beheerder helpen zijn kennis van de markt en zijn activiteit te verdiepen en een aanvullende visie te krijgen op de beste allocatiekeuzes.

PRAKTIJKVOORBEELD

Neem het voorbeeld van een wereldberoemd bedrijf dat in de jaren zeventig is opgericht: Virgin. Het verenigt een groot aantal werkterreinen uit verschillende sectoren. Het gaat onder meer om luchtvaartmaatschappijen, een spoorwegmaatschappij, een uitgeverij en zelfs een bedrijf voor ruimtetoerisme. De onderneming is een conglomeraat, hetgeen betekent dat zij een groot aantal activiteiten samenbrengt die onderling geen duidelijke synergieën vertonen. Het doel van de oprichter van het bedrijf was de groei van bedrijven mogelijk te maken door middel van de investering van middelen en vaardigheden. In 2012 boekte de groep een omzet van ongeveer 13 miljard pond en had ze wereldwijd ongeveer 50 000 mensen in dienst.

Dit geval is uiterst interessant wanneer het wordt geanalyseerd in de context van de BCG-matrix voor groeiaandelen, omdat het ons helpt te begrijpen hoe sommige SBU's erin slagen andere te ondersteunen, hoewel er geen overeenkomsten tussen hen bestaan. De strategie van Richard Branson bestaat erin veel bedrijven te helpen bloeien door middel van buy-outs en de overdracht van vaardigheden. Om deze strategie te doen slagen zijn dan ook aanzienlijke middelen nodig. Daartoe moeten sommige gebieden van de bestaande activiteiten bijdragen aan de financiering van nieuwe activiteiten die geacht worden enig exploiteerbaar potentieel te hebben.

Op dit punt moeten bepaalde punten worden verduidelijkt alvorens het model toe te lichten, zodat het volledig kan worden begrepen.

- Ten eerste zijn niet alle activiteiten van de onderneming in het model weergegeven om het voor de lezer duidelijker te maken. Slechts enkele ervan zijn weergegeven.

- Vervolgens wordt het geringe aantal activiteiten in het dogs-kwadrant verklaard door het feit dat de groep wil vermijden activiteiten op dit gebied te houden. Bovendien is het met betrekking tot de huidige activiteiten moeilijk te weten welke SBU's uiteindelijk naar dit kwadrant zullen verhuizen.

- Tenslotte is de BCG-matrix, zoals gezegd, een instrument dat regelmatig moet worden bijgewerkt, hetgeen betekent dat de resultaten van de ene dag de volgende dag kunnen veranderen. Dit model kan dus de komende jaren snel evolueren.

Nu deze punten zijn verduidelijkt, kunnen we overgaan tot de toepassing van de BCG-matrix van de onderneming:

- Tot de SBU's die zich reeds hebben bewezen behoren de luchtvaartmaatschappijen. De eerste luchtvaartmaatschappij werd in de jaren tachtig opgericht. Sindsdien is zij tot bloei gekomen en heeft zij zich kunnen uitbreiden: vandaag heeft zij een zekere rijpheid bereikt. Het is vooral hierdoor dat het bedrijf een reputatie van veiligheid en betrouwbaarheid heeft opgebouwd, zowel op luchtvaartgebied als voor de rest van zijn producten. Dit soort activiteiten, een uitstekend voorbeeld van het cash cowconcept, stelt de onderneming in staat een aanzienlijke hoeveelheid middelen te verzamelen die worden gebruikt voor haar ontwikkeling, maar ook voor de ontwikkeling van nieuwe SBU's met een groot potentieel. De cash cows blijven echter niet eeuwig bestaan, want ook al heeft de onderneming het goed gedaan met de luchtvaartmaatschappij, hetzelfde kan niet worden gezegd over de spoorwegmaatschappij. Na de privatisering van het spoorwegnet in Groot-Brittannië in de jaren negentig besloot de onderneming te profiteren van haar goede reputatie op het gebied van de luchtvaart en zwaar te investeren in deze nieuwe markt. Sterke concurrentie vereist voortdurende investeringen en maakt het niet mogelijk veel winst te herverdelen in nieuwe markten, wat verklaart waarom de spoorwegmaatschappij in het dogs-kwadrant is terechtgekomen.

- De gebieden amusement en media zijn twee soorten activiteiten van de onderneming die zich in het stars-kwadrant van de BCG-matrix voor groei bevinden:

  - Aangezien de wereld van telecommunicatie en internet voortdurend in beweging is, is het behouden van een plaats bij de elite uiterst winstgevend, maar dit vergt aanzienlijke investeringen. Het mediabedrijf heeft op dit gebied veel financiële problemen gehad om zijn positie in verschillende landen in de wereld te behouden. In Frankrijk moest een van de bedrijven van de groep in 2013 een faillissement aanvragen als gevolg van het downloaden (legaal, maar vooral illegaal) van muziek op internet.

- o Wat amusement betreft, is de groep zeer actief in deze sector. Verschillende inkomstenbronnen, waaronder die uit muziek, zorgen voor een comfortabel financieel vangnet. De problemen in de mediawereld gelden echter ook voor de amusementswereld.

- Bovendien moet een onderneming als deze, die gebaseerd is op de aankoop en ontwikkeling van nieuwe SBU's met een groot groeipotentieel, een aantal activiteiten in haar portefeuille met question marks hebben. De relatief recente belangstelling van de onderneming voor financiën wijst momenteel op onzekere toekomstperspectieven, wat vooral geldt in tijden van wereldwijde crisis. Bovendien zijn ondernemingen zoals de onderneming voor ruimtetoerisme niet erg afgestemd op de huidige realiteit, namelijk de daling van de koopkracht. Dit soort activiteiten zou dus wel eens een van de eerste kunnen zijn die met de gevolgen van de huidige crisis te maken krijgen.

- Tenslotte, zelfs als er geen activiteit in het dogskwadrant aanwezig is, heeft de onderneming zich ontdaan van enkele activiteiten die in deze categorie zouden hebben gepast. Een onderneming die zich richt op het potentieel van nieuwe activiteiten moet altijd rekening houden met de risico's die inherent zijn aan elke investering.

Tot slot moet worden benadrukt dat deze groep erin is geslaagd een goed evenwicht te vinden tussen haar activiteiten. De activiteiten die zich hebben bewezen zijn bedoeld om de ontwikkeling van nieuwe activiteiten te financieren die op hun beurt, als de voorspellingen juist zijn, middelen zullen opleveren om nieuwe projecten te lanceren. Het is echter niet gemakkelijk om met zekerheid te bepalen welke weg de activiteiten met een groot potentieel zullen inslaan, aangezien er altijd een groot risico verbonden is aan de injectie van middelen in deze activiteiten. Het gebruik van de BCG-matrix van groeiaandelen stelt managers in staat duidelijkheid te verkrijgen over keuzes in verband met overnames en investeringen en ontwikkeling van SBU's.

- De BCG-matrix is een instrument om het bedrijfsportfolio van een onderneming te analyseren. Hij werd in de jaren zestig ontwikkeld door de Boston Consulting Group en is vandaag de dag nog steeds erg populair bij managers.

- Deze matrix stelt beheerders in staat het relatieve belang van de activiteiten in hun portefeuille te begrijpen en te observeren.

- Het brengt de relatieve marktaandelen van de onderneming op de x-as en het marktgroeipercentage op de y-as samen.

- Afhankelijk van de situatie in de kwadranten stars, cash cows, question marks en dogs is het raadzaam te investeren in activiteiten, deze te handhaven of af te stoten.

- Een aantal aannames, zoals zelffinanciering en het ervaringseffect, moet worden bevestigd om ervoor te zorgen dat de matrix correct werkt.

- Enige vaagheid, de vereenvoudiging van termen en de subjectiviteit van beheerders maken dat de matrix soms onnauwkeurig is en bepaalde beperkingen heeft.

- Het is een aanvullend instrument op de GE-matrix van McKinsey en de Ashridge Portfolio Matrix. Gebruik ervan alleen is weliswaar interessant, maar niet noodzakelijk voldoende.

- De matrix moet voortdurend worden bijgewerkt, vooral in snelgroeiende markten.

- De ontwikkeling van SBU's in de tijd kan ertoe leiden dat ze gedurende hun levenscyclus verschillende paden volgen.

- Het voorbeeld van een conglomeraat geeft een goed beeld van de werking van de BCG-matrix voor groeiaandelen en helpt ons het principe achter de financiering van nieuwe SBU's te begrijpen.

VERDER LEZEN

BIBLIOGRAFIE

beCompta website: http://www.becompta.be

Website *Boston Consulting Group*: http://www.bcg.com/

Deppe, A. (z.j.). Séquence 4 : La démarche stratégique à l'international. *Marketing International*. [Online]. [Geraadpleegd op 6 mei 2014]. Beschikbaar op http://foad.refer.org/IMG/pdf/Sequence_4-2.pdf

Giboin, B. (2012). *La boîte à outils de la stratégie*. Parijs: Dunod.

Johnson, G., Scholes, K., Whittington, R. & Fréry, F. (2008). *Stratégique*. [8e editie]. Parijs: Pearson Education.

Lambin, J. -J. & de Moerloose, C. (2008). *Marketing stratégique et opérationnel. Du marketing à l'orientation de marché.* [7e editie]. Parijs: Dunod.

Lendrevie, J. & Lévy, J. (2013). Mercator 2013. *Théorie et nouvelles pratiques du marketing.* [10e editie]. Parijs: Dunod.

Marchesnay, M. (1993). *Management stratégique.* Parijs: Eyrolles. pp. 5-6.

McKinsey website: http://www.mckinsey.com/

Saïas, M. & Métais, E. (2001). *Stratégie d'entreprise : évolution de la pensée. Financiën. Contrôle. Stratégie.* 4(1), pp. 183-213.

Strategische marketing website: http://www.marketing-strategique.com/

Virgin website: http://www.virgin.com/

AANVULLENDE BRONNEN

Armstrong, J. S. & Brodie, R.J. (1994). Effects of Portfolio Planning Methods on Decision Making: Experimentele resultaten. *International Journal of Research in Marketing.* 11(1), pp. 73-84.

Fleisher, C. S. & Bensoussan, B. E. (2003). *Strategic and Competitive Analysis: Methoden en technieken voor het analyseren van bedrijfsconcurrentie.* Upper Saddle River: Prentice Hall.

Hambrick, D. C., MacMillan, I. C. & Day, D. L. (1982). Strategic Attributes and Performance in the BCG Matrix. Een op PIMS gebaseerde analyse van industriële productondernemingen. *Academy of Management Journal.* 25(3).

*We horen graag van jou! Laat
een reactie achter op jouw online bibliotheek
en deel je favoriete boeken op social media!*

De uitgever garandeert de betrouwbaarheid van de gepubliceerde informatie, die echter niet onder zijn verantwoordelijkheid valt.

Master ISBN: 9782808063913
Papier ISBN: 9782808064200
Wettelijk depot: D/2022/12603/65

Digitaal ontwerp: Primento,
de digitale partner van uitgevers.